A missa

Dados Internacionais de Catalogação na Publicação (CIP)
(Câmara Brasileira do Livro, SP, Brasil)

Lemos, Rachel Soares
  A missa: o passo a passo para entender melhor / Rachel Soares Lemos, Cônego José Luís Araújo. – Petrópolis, RJ : Vozes, 2025.

  Bibliografia.
  ISBN 978-85-326-7178-3

  1. Catequese – Igreja Católica 2. Liturgia 3. Missa – Celebração I. Araújo, José Luís. II. Título

25-255321   CDD-264.0236

Índices para catálogo sistemático:
1. Missa : Igreja Católica : Liturgia   264. 0236

Eliane de Freitas Leite – Bibliotecária – CRB-8/8415

Rachel Lemos
Cônego José Luís Araújo

A MISSA

O passo a passo
para entender melhor

EDITORA
VOZES

Petrópolis

© 2025, Editora Vozes Ltda.
Rua Frei Luís, 100
25689-900 Petrópolis, RJ
www.vozes.com.br
Brasil

Todos os direitos reservados. Nenhuma parte desta obra poderá ser reproduzida ou transmitida por qualquer forma e/ou quaisquer meios (eletrônico ou mecânico, incluindo fotocópia e gravação) ou arquivada em qualquer sistema ou banco de dados sem permissão escrita da editora.

CONSELHO EDITORIAL	PRODUÇÃO EDITORIAL
Diretor Volney J. Berkenbrock	Anna Catharina Miranda Eric Parrot Jailson Scota Marcelo Telles
Editores Aline dos Santos Carneiro Edrian Josué Pasini Marilac Loraine Oleniki Welder Lancieri Marchini	Mirela de Oliveira Natália França Priscilla A.F. Alves Rafael de Oliveira Samuel Rezende Verônica M. Guedes
Conselheiros Elói Dionísio Piva Francisco Morás Teobaldo Heidemann Thiago Alexandre Hayakawa	
Secretário executivo Leonardo A.R.T. dos Santos	

Editoração: Mônica Glasser
Diagramação: Editora Vozes
Revisão gráfica: Jhary Artiolli
Capa: Isabella Carvalho

ISBN 978-85-326-7178-3

Este livro foi composto e impresso pela Editora Vozes Ltda.

Lista de siglas

CIgC | Catecismo da Igreja Católica

IGMR | Instrução Geral do Missal Romano

ILM | Introdução ao Lecionário da Missa

MR | Missal Romano

SC | Constituição *Sacrosanctum Concilium* sobre a Sagrada Liturgia

Sumário

Lista de siglas, 5
Apresentação, 9
Palavra dos autores, 11

1 A missa: o que é e como participar, 13
   1.2 Na missa: gestos e posições do corpo, 15

2 Conhecendo os ritos iniciais, 19
   2.1 O canto de entrada ou a antífona da entrada, 19
   2.2 A procissão de entrada, 20
   2.3 O altar, 21
   2.4 Saudação inicial, 23
   2.5 O ato penitencial, 25
   2.6 O Glória, 26
   2.7 A oração da coleta, 27

3 Conhecendo a liturgia da Palavra, 29
   3.1 A primeira leitura, 31
   3.2 O salmo responsorial, 32
   3.3 A segunda leitura, 33
   3.4 A aclamação ao Evangelho, 33
   3.5 A proclamação do Evangelho, 34
   3.6 A homilia, 36
   3.7 O Creio, 37
   3.8 A oração dos fiéis, 40

4 Conhecendo a liturgia eucarística, 41

    4.1 A apresentação das oferendas, 42

    4.2 A oração sobre as oferendas, 45

    4.3 O prefácio da oração eucarística, 45

    4.4 A oração eucarística, 48

    4.5 Os ritos de comunhão, 53

5 Conhecendo os ritos finais, 63

    5.1 Avisos, 63

    5.2 Bênção final, 63

    5.3 Canto de despedida ou envio, 64

Conclusão, 65
Referências, 67

Apresentação

A presente obra, *A missa: o passo a passo para entender melhor*, tem como propósito, segundo seus autores, o conhecimento, a aproximação e a experiência do Mistério de Cristo vivo na Eucaristia, presente na Constituição Dogmática *Sacrosanctum Concilium*: sobre a sagrada liturgia, do Concílio Vaticano II, no Magistério e na Tradição da Igreja, e mais recentemente, com o Papa Francisco, na Carta Apostólica *Desiderio Desideravi* sobre a formação litúrgica do Povo de Deus, onde ele ratifica que: "A vida cristã é um caminho contínuo de crescimento: somos chamados a nos deixar formar com alegria e em comunhão" (n. 62). E ainda o papa nessa Carta (n. 63), diz: "Convido-vos a redescobrir o sentido do *ano litúrgico* e do *dia do Senhor*: também isso nos é legado pelo Concílio (cf. SC, n. 102-111)".

Atento à estrutura da celebração litúrgica, o texto destaca os dois momentos: o do anúncio da Palavra e o da Eucaristia, como um só encontro com a mesma pessoa, Jesus Cristo. Aqui recordamos os discípulos de Emaús, que, alcançados pelo Senhor, no caminho, por Ele são instruídos pelas Sagradas Escrituras – liturgia da Palavra, e, em casa, à mesa, pela fração do pão – liturgia eucarística. Mais do que dois momentos que se completam, e, portanto, são inseparáveis, percebe-se que o que foi anunciado na Palavra realizou-se sacramentalmente na liturgia eucarística, com gestos e sinais que falam por si mesmos: "tomou o pão, abençoou-o, depois partiu-o e distribuiu-o a eles" (Lc 24,30), e "eles o reconheceram na fração do pão" (Lc 24,35).

A homilia é o momento privilegiado para essa passagem, conduzindo a assembleia celebrante à comunhão nas duas mesas.

Não basta celebrar – tornar célebre o amor do Pai que nos enviou o seu Filho, que realizou a liturgia por excelência, oferecendo sua vida – "Amando-nos até o fim" (Jo 13,1). O que experimentamos sacramentalmente na celebração, precisamos continuar na vida cotidiana, como testemunho no mundo: "Saciados pelos 'mistérios pascais'", sejamos concordes na piedade, conservemos na vida o que recebemos pela fé, tornando-nos solícitos e estimulados para a imperiosa caridade de Cristo (cf. SC, n. 10). E, mais, "conservemos em nosso corpo a morte de Jesus para que também a sua vida se manifeste em nossa carne mortal. Supliquemos ao Senhor, no sacrifício da missa, que nós mesmos, pela 'aceitação da oblação da hóstia espiritual', sejamos feitos 'eterna dádiva' sua" (SC, n. 12).

Com o Papa Francisco, a Igreja retomou a proposta do Concílio Vaticano II, tão cara ao seu protagonista, o Papa João XXIII: "A Igreja Católica, levantando por meio deste Concílio o facho da verdade religiosa, deseja mostrar-se mãe amorosa de todos, benigna, paciente, cheia de misericórdia e bondade com os filhos dela separados". Quanto à Sagrada Liturgia, conforme o documento conciliar *Sacrosanctum Concilium*, é preciso tomar a importante decisão pastoral de resgatar o essencial que se havia perdido, ou seja, a centralidade do Mistério Pascal na celebração da liturgia, e recolocá-lo no seu eixo central, primando pela nobre simplicidade, atraente e, por isso, bela e verdadeira.

Creio que este precioso trabalho a duas mãos, a masculina e a feminina, muito contribuirá na formação dos membros de nossas comunidades. Mãos à obra!

Dom Sérgio Aparecido Colombo
Bispo Diocesano
Bragança Paulista (SP)

Palavra dos autores

A celebração eucarística é riquíssima em todos os sentidos, incluindo os ritos, gestos e símbolos litúrgicos, e, para ser vivenciada na sua plenitude, precisa ser conhecida. A passagem bíblica de Atos dos Apóstolos (8,31-36) nos traz essa confirmação no diálogo entre o etíope de Candace e Filipe: "Como poderei entender se ninguém me explicar?". Depois que ele entendeu tudo, desejou ser batizado.

Nossa proposta é trazer esse conhecimento a fim de que você possa continuar se aprofundando na espiritualidade eucarística, desenvolvendo a sua fé e se aproximando de Jesus Cristo, vivo e presente na Eucaristia.

Esperamos, em Cristo, que a sua participação na missa, a partir desta leitura, tenha um novo olhar e um novo ardor eucarístico.

Todo cristão precisa, na graça do Espírito Santo que conduz sua vida, conhecer as maravilhas que o Senhor fez e faz para nós.

Continuemos em marcha para o céu!

Os autores

1
A missa: o que é e como participar

1.1 A missa: ação de graças e missão

A missa é o centro e o ponto alto de toda a vida cristã católica. É um encontro marcado com Deus, que nos convida a participar da Ceia que seu Filho, Jesus Cristo, preparou para nós. O conjunto organizado de ritos litúrgicos próprios (incluindo os símbolos e os gestos) que a compõem dá forma e conteúdo à celebração do sacramento da Eucaristia. Dessa forma, podemos compreender e melhor celebrar o Mistério Pascal, que é a Vida, Morte e Ressurreição do Senhor, e renovar o senso de pertença ao Corpo de Cristo, que é a Igreja.

Os *ritos*, os *símbolos* e os *gestos* constituem a linguagem própria da liturgia, e, seguindo a lógica da revelação de Deus aos homens, envolvidos pela mistagogia que conduz para dentro do mistério celebrado, podemos identificar que: o que vemos, ou seja, o que é imanente, nos remete ou revela o que não vemos, que é o transcendente. Assim, ao participar da celebração, pela fé percebemos o invisível naquilo que é visível.

> A palavra "rito" vem do latim *ritus*, que indica ordem estabelecida, fazendo com que todas as ações fluam ordenadamente.

Vários nomes são atribuídos à missa
- *Eucaristia*
- *Banquete do Cordeiro*
- *Ceia do Senhor*
- *Santa e divina comunhão*
- *Fração do pão*
- *Comunhão*
- *Memorial da Paixão e da Ressurreição do Senhor*

Participar da missa é ter um compromisso com Deus, e, principal e especialmente, no "Dia do Senhor", aos domingos, para ouvir o que Ele tem a nos ensinar sobre como podemos viver durante a nossa semana. Não é um encontro qualquer, mas a reunião da família de Deus em torno da Mesa da Eucaristia, a fim de participar da Ceia do Senhor.

Respondendo à necessidade humana, que precisa de coisas palpáveis e sensíveis para melhor compreender e vivenciar os fatos da vida, o *espaço litúrgico* se apresenta como o lugar do encontro do Pai com seus filhos, onde a comunidade se reúne em nome da Trindade.

Nesse espaço, durante a Ceia do Senhor, nós, fiéis, irmãos em Cristo, nos reunimos ao redor da Mesa da Palavra, atentos àquilo que o Senhor quer nos falar; e, também, ao redor da Mesa Eucarística, para nos alimentarmos da Eucaristia, que nos sustenta para continuarmos a nossa caminhada de fé e recebermos a graça que nos é oferecida por Deus.

Durante a missa, conversamos com o Pai, que é o dono da casa, e entre irmãos na comunidade, lembrando que sempre temos momentos para falar e outros para ouvir. Por isso, durante a missa, para participar bem é importante estar com os sentidos aguçados e atentos ao que está acontecendo. Para tanto, é essencial evitar conversas paralelas, orações, meditações, novenas ou terços que não sejam próprios da celebração litúrgica e possam impedir a participação plena em cada um dos seus momentos.

Cada um de nós leva para a missa, com alegria, a sua oferta da semana, o que fez, o que viveu e o que é, além do seu melhor para ser abençoado; porém também leva suas fragilidades, para ser fortalecido e tornar-se capaz de transformá-las em potencialidades.

Oferece a sua vida, as suas intenções, os seus projetos e o seu dia a dia para ser santificado. Durante a missa, cada pessoa fortalece a sua fé por meio do encontro com o Senhor, para bem viver e enfrentar as adversidades da vida. O pão e o vinho ofertados, e que são consagrados durante a liturgia eucarística, nos recordam a última refeição de Jesus e sua entrega por todos nós. E, na comunhão, nos alimentamos do Pão dos céus que fortalece a nossa fé para bem vivermos e enfrentarmos as adversidades durante a semana.

1.2 Na missa: gestos e posições do corpo

Um dos grandes avanços que resultaram do Concílio Vaticano II, e que guiou todo o processo da reforma da liturgia, foi o resgate do papel da assembleia litúrgica, ou seja, a participação ativa e consciente de todo o Povo de Deus, os fiéis, durante a missa, promovendo o encontro do Pai com os filhos, a fim de que estes se alimentem não somente da Eucaristia, como também da Palavra. É, pois, o rito litúrgico que estabelece o diálogo entre Deus e o seu povo, constituído por meio de palavras, sinais, símbolos e gestos que se realizam no espaço litúrgico.

A porta de entrada da igreja é um símbolo importante, porque nos recorda Cristo, o Pastor, e a porta das ovelhas. Ao atravessá-la, entramos no lugar sagrado onde o Povo de Deus se reúne para celebrar o memorial do Mistério Pascal de Jesus Cristo. Por isso, antes de adentrarmos, precisamos nos lembrar de "limpar os pés", pois o lugar é santo, respeitando o que o

Senhor disse a Moisés: "Tira as sandálias, porque o lugar onde pisas é santo" (Ex 3,5). Esse gesto significa que, durante o percurso da nossa casa até a casa do Pai, levamos junto tudo aquilo que fizemos durante a semana e, por isso, devemos fazer o nosso exame de consciência; afinal, estamos passando pelo próprio Cristo, que se abre para nos receber por inteiro com nossos dons e, também, com as nossas imperfeições da condição humana, a qual precisa dele para sermos santos.

O documento *Instrução Geral sobre o Missal Romano* (IGMR) nos apresenta as normas para a celebração da missa com relação aos ritos e às funções de cada participante. Ele nos instrui que a posição do corpo e os gestos dos fiéis durante a missa é sinal de unidade da assembleia. Assim, somos capazes de nos manifestar não só com palavras, mas também com gestos e atitudes, formando um só Corpo com um único movimento.

Sentado – é uma posição cômoda para quem está disposto a ouvir e a meditar sobre o que está sendo dito (cf. Lc 10,39). Durante a missa, ficamos sentados para ouvir e responder às leituras e ao salmo; ouvir a homilia; conversar com o Senhor após a comunhão. Sentada era a posição que muitas pessoas mencionadas na Bíblia escolheram para ouvir o que Jesus falava.

De pé – é a posição de Cristo Ressuscitado e, também, o símbolo da dignidade humana. Demonstra respeito e atenção àquele que está falando, disposição para obedecer e prontidão para servir. Estar de pé durante a missa é estar pronto para caminhar em direção a Deus e aos irmãos. Colocamo-nos nessa posição desde a procissão de entrada até o início da liturgia da Palavra (leituras e salmos); para ouvir o Evangelho; rezar o Creio; durante a oração dos fiéis; na oração sobre as oferendas; no início da oração eucarística, até recebermos a comunhão (exceto nos momentos em que nos ajoelhamos); na oração depois da comunhão e na bênção final.

De joelhos – estar de joelhos é uma posição de humildade e penitência, principalmente quando estamos em oração diante do Santíssimo Sacramento, que é a Eucaristia, Jesus vivo no altar ou no Sacrário. Ajoelhar-se na igreja significa colocar-se em adoração a Deus. Fazemos isso na missa, quando o celebrante invoca o Espírito Santo para santificar as oferendas do pão e do vinho no altar, pois estamos na presença do Senhor (cf. Fl 2,10). Quando o sacerdote proclama, após a consagração: "Mistério da fé!", toda a assembleia deve ficar de pé, como a atitude do Ressuscitado, pois respondemos aclamando um Deus vivo.

Genuflexão – é um gesto de adoração que fazemos a Deus quando entramos ou saímos da igreja, sempre na presença de Jesus Sacramentado, ou seja, quando Ele está dentro do Sacrário; e sabemos que Ele está ali presente quando existe uma pequena luz vermelha acesa ao lado, que se chama "luz perene".

Inclinação ou vênia – é uma reverência, um sinal de grande respeito e adoração diante do Santíssimo Sacramento. Por ocasião de uma bênção, os cristãos também podem inclinar a cabeça para recebê-la como sinal de humildade. Os fiéis, ao passarem diante do sacrário, devem fazer uma vênia profunda, ou seja, com uma grande inclinação (90º), em sinal de reconhecimento da presença real do Senhor no Santíssimo Sacramento ali presente. Durante a missa, quando um leitor ou algum fiel passar na frente do altar, e o sacrário estiver atrás do sacerdote, a vênia deve ser feita também, porém com uma inclinação menor, parando na frente do altar e fazendo a vênia com respeito e dignidade, lembrando que o altar é o centro de toda liturgia eucarística (cf. IGMR, n. 73) e sinal de Cristo.

Mãos levantadas – é a atitude daqueles que oferecem suas orações a Deus e, ao mesmo tempo, é o gesto de quem pede, suplicando, por aquilo de que necessita. Significa o louvor, a súplica e, também, a entrega de suas obras como sinal de esforço em busca de santidade. Na Bíblia encontramos menções a mãos levantadas no Livro de Neemias 8,12-17, quando o povo escutava em pé e aclamava com as mãos levantadas, gritando: "Amém, amém"; e na primeira Carta a Timóteo 2,8, que orienta os homens a orarem em todo lugar, levantando as mãos sem ira e sem animosidade. Desde a antiguidade, as mãos levantadas expressam: a posição da Igreja, de todo batizado, quando se coloca em oração; as mãos abertas de Cristo na cruz; e o Cristo que reza junto à sua comunidade (cf. SC, n. 7).

Mãos juntas – é uma atitude de profunda piedade enquanto se está rezando. É um gesto que demonstra interiorização, tranquilidade e paz interior.

Silêncio – o Senhor fala no silêncio do coração. É oportuno fazer silêncio durante a missa para interiorizar o que o Senhor disse; é encontrar-se consigo mesmo e com o Pai que está à nossa espera. O silêncio litúrgico previsto nos vários momentos da celebração, e não o improvisado, deve ser valorizado; por exemplo: após o convite à oração de coleta; entre uma leitura e outra; após a homilia; após a comunhão.

2
Conhecendo os ritos iniciais

A missa é uma celebração que consta de duas partes unidas entre si, formando um só ato de culto (cf. SC, n. 56): liturgia da Palavra e Liturgia Eucarística, acompanhadas dos ritos iniciais e ritos finais.

> "A finalidade dos ritos é fazer com que os fiéis, reunindo-se em assembleia, constituam uma comunhão e se disponham para ouvir atentamente a Palavra de Deus e celebrar dignamente a Eucaristia" (IGMR, n. 46).

O Concílio Vaticano II nos ensina que, em uma celebração litúrgica, não chegamos como meros espectadores, mas somos motivados pelo Espírito Santo a participar de uma forma ativa, consciente, plena e frutuosa (cf. SC, n. 48).

Reunido o povo, o sacerdote dirige-se com os ministros ao altar. E, pelo Pai, somos convocados para celebrar, sob a presidência do Filho, na força do Espírito Santo.

2.1 O canto de entrada ou a antífona da entrada

O canto tem como finalidade iniciar a celebração, além de acompanhar a procissão de entrada do sacerdote e dos ministros, e favorecer a união dos fiéis, envolvendo-os no mistério do tempo litúrgico ou da festividade celebrada, fazendo chegar ao Pai uma prece de louvor.

Quando não existe o canto, o sacerdote lê a antífona da entrada, que é uma oração que se encontra no Missal Romano para introduzir a assembleia à missa do dia.

2.2 A procissão de entrada

As procissões cristãs católicas manifestam o Povo de Deus em marcha. Assim acontece na procissão de entrada da missa, em que o sacerdote, juntamente aos que dela participam (coroinhas, ministros, leitores), caminha em direção ao altar, significando que o homem está caminhando em busca de Deus com a vontade de se encontrar com Aquele que é Pai. Esse passo a passo relembra a travessia de Moisés com o povo pelo deserto, deixando para trás a escravidão, e, embora com dificuldades, seguindo em busca da liberdade e da vida.

Na procissão de entrada, colocamo-nos a caminho, junto ao sacerdote e aos que participam da missa, levando no coração as nossas experiências vividas, em busca de novos ânimos para iniciar a semana e continuar a nossa caminhada.

A cruz, à frente da procissão de entrada, nos recorda de que somos seguidores de Cristo, que guia a sua comunidade, e ela deve ser colocada ao lado do altar e ali permanecer, caso não haja no presbitério uma cruz com o Crucificado. Se houver, a cruz processional deverá ser guardada e usada para a procissão de encerramento da missa.

Em seguida vem a entrada do Evangeliário indicando que Cristo, Palavra viva e encarnada do Pai, nos guia com seu Evangelho. E ele não pode nem deve ser substituído pelo Lecionário, que é o livro que contém

> A IGMR, n. 120b, indica que a cruz venha ladeada ao menos por duas velas, que nos revelam Cristo como Luz do mundo; por isso, como cristãos, devemos ser a expressão dessa Luz.

as leituras e os salmos proclamados na missa. O Evangeliário é o livro dos evangelhos e, ao término da procissão de entrada, é depositado sobre o altar, trazendo a referência dos dois alimentos que a comunidade receberá durante a celebração: o pão da Palavra e o pão eucarístico.

Todos aqueles que participam da procissão de entrada, como acólitos, coroinhas, leitores e os Ministros Extraordinários da Sagrada Comunhão Eucarística somados ao coro e à assembleia, formam o Corpo Místico do Senhor. Todos são a Igreja, o Povo de Deus a caminho.

2.3 O altar

A mesa destinada à celebração eucarística é o altar, que, geralmente, fica em um plano mais elevado, para que todos o vejam. Ele é o lugar onde a terra se encontra com o céu, a montanha sagrada em que Deus vem encontrar-se com o ser humano e onde o sacrifício reconcilia e une o mundo com Deus. Segundo o Pontifical Romano n. 3-5, "pelo fato de o memorial do Senhor se celebrar no altar e ali se entregar aos fiéis seu Corpo e Sangue, os escritores da Igreja foram levados a vê-lo como sinal do próprio Cristo; e daí tornar-se comum a afirmação: 'O altar é Cristo'".

Conforme orienta o *Catecismo da Igreja Católica* (CIgC), n. 1383, o altar é o símbolo do próprio Cristo, presente no meio da assembleia de seus fiéis, ao mesmo tempo como vítima oferecida por nossa reconciliação e como alimento celeste que se dá a nós. Ele representa o altar do sacrifício e a mesa do Senhor (cf. Lc 22,14), e, por isso, tem o sentido de uma mesa de refeição. Aqui se justifica o porquê de a celebração eucarística ou a missa também ser chamada de "Ceia do Senhor".

> O altar lembra, também, a cruz de Jesus, que foi como um altar onde Ele ofereceu o sacrifício da própria vida.

O altar, na história, está ligado a sacrifícios que sempre existiram tanto entre os judeus como entre os pagãos, e a primeira menção que se faz a ele, na Bíblia, aparece com Noé, que ofereceu um sacrifício sobre um altar (cf. Gn 8,20).

O trono de Cristo é o altar. Ele representa o próprio Cristo, que é o centro e a vida de toda celebração; é o lugar sobre o qual Ele repousa como vítima e Cordeiro Pascal; é a mesa do Senhor que alimenta constantemente a vida dos cristãos. Esse altar que existe hoje nas igrejas é onde se celebra o Sacrifício Pascal de Jesus. Esse Sacrifício é a sua Paixão, Morte e Ressurreição.

Na Paixão, Jesus sofreu e se entregou, por amor, como o Cordeiro de Deus, oferecendo o seu Corpo e o seu Sangue em sacrifício, como alimento para a humanidade na caminhada terrena, que é a Eucaristia; na morte, Ele desceu à mansão dos mortos para resgatar todos os mortos e abrir as portas do céu para todo sempre; e ressuscitou para nos mostrar que a vida não acaba com a morte, e que Ele continua vivo e presente entre os homens por meio do Espírito Santo. Tudo isso é Mistério da fé, e só o aceita quem se abre para viver a obediência e o "sim" ao Pai, crendo que Jesus Cristo é o Filho de Deus e que está vivo e presente na Eucaristia, celebrada no altar.

O centro de toda liturgia eucarística é o altar. Olhar para o altar é olhar para o próprio Cristo. Por isso, ele é o centro do espaço litúrgico e, pela sua dignidade, pode ser incensado, visto que a incensação exprime reverência (cf. IGMR, n. 276). Estar voltado para o altar é estar voltado para o sacrifício de Cristo na cruz.

2.3.1 O beijo no altar

O beijo é um gesto nobre que simboliza o amor, e o "beijo do padre no altar" manifesta a sua alegria e seu amor por Jesus, que é o centro de nossa piedade. É um gesto de veneração ao Senhor, Àquele que um dia chamou: "Vem e segue-me!" (Lc 18,22).

Lembrando que "o altar é Cristo", o sacerdote, no início e ao final da missa, beija o altar, símbolo de Cristo.

Esse beijo vem do desejo de louvar o Senhor no altar, consciente de que se trata de algo maior que um objeto litúrgico. É um lugar santo e digno de louvor e de amor para todo cristão.

Cabe somente aos bispos (ou arcebispos), presbíteros (os sacerdotes, que são os ministros ordenados ou, como são mais conhecidos, padres) e diáconos beijarem o altar em sinal de reverência a Cristo, que guia e preside a assembleia (cf. IGMR, n. 49).

2.4 Saudação inicial

A assembleia, nesse momento, está reunida em nome da Santíssima Trindade, isto é, do Pai que a convocou; do Filho que é o nosso Irmão e Redentor; e do Espírito Santo, que é o protagonista de toda a missão da Igreja. A comunidade reunida é expressão da unidade do Corpo do Senhor, pois a assembleia é uma das formas pelas quais Jesus se faz presente na sua Igreja (cf. SC, n. 7), que nasce na cruz (cf. SC, n. 5), alimenta-se dele e testemunha a sua ressurreição, espalhando-se pelo mundo, sob o impulso do Espírito Santo derramado sobre os seus discípulos, que assumem a tarefa de continuar os passos do Mestre.

2.4.1 O sinal da cruz

O sacerdote que preside a celebração, agindo em nome de Cristo (Cabeça da Igreja), traça o sinal da cruz, e todos fazem o mesmo sinal sobre si mesmos, sem dizer nenhuma palavra, apenas respondendo: "Amém". A expressão: "Em nome do Pai e do Filho e do Espírito Santo" significa que iniciamos a missa colocando a nossa vida e toda a nossa ação nas mãos da Santíssima Trindade. Esse sinal é o gesto mais familiar do cristão. Ele vincula a pessoa à Santíssima Trindade (Pai, Filho e Espírito Santo).

O sinal da cruz é o nosso sinal de pertença a Cristo. Somos Dele desde o nosso Batismo, e a cruz é o selo que recebemos no dia em que fomos batizados. A cruz pode parecer um instrumento de vergonha e de desespero, mas torna-se gloriosa e triunfante para os discípulos e para todos os cristãos como sinal da salvação dos homens, ou seja, foi pela cruz que fomos salvos por Cristo, que, passando por ela, nos libertou de todos os pecados. Quando vemos a cruz ou fazemos o sinal da cruz sobre nós, devemos ter em mente que ela é sinal de salvação.

> Não é preciso beijar a ponta da mão após o sinal da cruz nem fazer o sinal da cruz na hora de comungar, tampouco quando se faz a genuflexão.

2.4.2 A acolhida

Depois do sinal da cruz, o sacerdote acolhe toda a assembleia.

A acolhida propicia criar o clima de oração, motiva-nos a abrir a mente e o coração para o encontro com o Senhor, fazendo com que a missa seja um momento de diálogo e partilha entre Deus e o seu povo. Nesse momento, percebemo-nos queridos, desejados por Deus, ali, durante a celebração do sacramento da Eucaristia, e nos sentimos fazendo parte dela. Sermos acolhidos é sermos aceitos como realmente somos, com erros, acertos e com tudo o que carregamos na mente e no coração, sem restrições, pois é assim mesmo que Deus nos ama.

Saudar é um gesto divino mencionado em textos bíblicos, como: na saudação de Booz feita aos cortadores de cevada (cf. Rt 2,4); na saudação do anjo a Maria (cf. Lc 1,28); quando Jesus Ressuscitado aparece aos discípulos (cf. Jo 20,19).

A experiência de receber a saudação ocorre quando o padre abre os braços no início da celebração e diz: "A graça de nosso Senhor Jesus Cristo, o amor do Pai e a comunhão do Espírito Santo estejam convosco". Nesse momento a comunidade percebe, nos braços abertos, um abraço, uma acolhida, e, assim, ao se sentir abraçada pelo próprio Cristo na presença do sacerdote, responde bendizendo a Deus por aquele momento: "Bendito seja Deus, que nos reuniu no amor de Cristo". Isso nos ajuda a entender que estamos ali reunidos pelo amor que temos e sentimos por Jesus e, assim, formamos uma comunidade cristã.

2.5 O ato penitencial

Concluída a saudação, o sacerdote convida a assembleia para que se volte a Deus e, reconhecendo-se pecadora e limitada, peça o perdão de seus pecados e a reconciliação com Ele e com os irmãos, manifestando a confiança no seu amor misericordioso, a fim de que receba o alimento da Palavra e a Eucaristia com o coração aberto e feliz por ser perdoada e estar diante Dele. Contudo, como afirma a IGMR, n. 51, ele não possui a eficácia do sacramento da Penitência. O ato penitencial pode ser substituído pela aspersão da água benta, aos domingos.

Em seguida, inicia-se o: "Senhor, tende piedade de nós" ou o *Kyrie eleison*, a não ser que já tenha sido rezado no próprio ato penitencial. *Kyrios*, em grego, significa "Senhor", e *Kyrie eleison*: "Senhor, Vós sois piedade", ou "Senhor, Vós sois misericórdia". É uma verdadeira aclamação à misericórdia de Deus. Na tradução latina, quer dizer: "Senhor, tende piedade de nós!", "Cristo, tende piedade de nós!", "Senhor, tende piedade de nós!": *Kyrie eleison, Christe eleison, Kyrie eleison*.

No ato penitencial, toda a comunidade é chamada a participar. Nele, somos reconciliados no amor e ficamos conscientes de que a misericórdia de Deus nos ajuda a celebrar a unidade.

2.6 O Glória

O Glória é um hino oficial da Igreja reunida no Espírito Santo, no qual ela, desde a antiguidade, glorifica a Deus Pai e a Deus Filho, e lhes apresenta suas súplicas. Ele é uma explosão de alegria e louvor, por isso, é recitado ou cantado nos domingos e dias de festa, e omitido nos tempos de Advento e Quaresma, preparando-nos para as festas de Natal e Páscoa.

O hino do Glória traz elementos que nos remetem à Sagrada Escritura, como:

At 3,8-9 — Num salto, pôs-se de pé e começou a andar. Entrou com eles no Templo, caminhando, saltando e louvando a Deus. Todo o povo o viu andar e louvar a Deus.

Lc 1,46-47 — Então Maria disse: "Minha alma engrandece o Senhor e rejubila meu espírito em Deus, meu Salvador".

Lc 2,29-32 — Agora, Senhor, já podes deixar teu servo ir em paz, segundo a tua palavra. Porque meus olhos viram a salvação que preparaste diante de todos os povos: a luz para a iluminação das nações e para Glória de teu povo, Israel.

Com o hino do Glória, somos convocados a louvar a Deus Pai e ao Cordeiro (Jesus Cristo), recitando ou cantando da seguinte forma:

> "Glória a Deus nas alturas, e paz na terra aos homens por Ele amados" (Lc 1,14).

> "Senhor Deus, Rei dos céus, Deus Pai todo-poderoso: nós vos louvamos, nós vos bendizemos, nós vos adoramos, nós vos glorificamos, nós vos damos graças por vossa imensa glória" (louvor dirigido ao Pai).

> "Senhor Jesus Cristo, Filho Unigênito, Senhor Deus, Cordeiro de Deus, Filho de Deus Pai" (louvor recordando os títulos de Jesus, o Filho de Deus).

> "Vós que tirais o pecado do mundo, tende piedade de nós! Vós que tirais o pecado do mundo, acolhei as nossas súplicas!

Vós que estais à direita do Pai, tende piedade de nós!" (três súplicas dirigidas a Cristo).

"Só vós sois o Santo, só vós o Senhor, só vós o altíssimo, Jesus Cristo, com o Espírito Santo, na glória de Deus Pai" (louvor voltado a Cristo, para concluir a oração de modo trinitário).

2.7 A oração da coleta

Essa oração é feita em nome de toda a comunidade, pelo presidente da celebração, que recolhe, "coleta" os pedidos e orações da assembleia. Ela nos coloca diante do sentido da celebração do dia. Após o padre dizer: "Oremos", é necessário ficar em silêncio para que cada pessoa faça a sua oração, seus pedidos em particular. Após o silêncio, o padre recolhe os pedidos abrindo os braços para o alto, oferecendo-as a Deus, pronunciando a oração em nome da Igreja e sempre a concluindo com as seguintes palavras:

Quando se dirige ao Pai	*Por nosso Senhor Jesus Cristo, vosso Filho, que é Deus, e convosco vive e reina, na unidade do Espírito Santo, por todos os séculos dos séculos.*
Quando se dirige ao Pai, mas no fim menciona o Filho	*Ele, que é Deus, e convosco vive e reina, na unidade do Espírito Santo, por todos os séculos dos séculos.*
Quando se dirige ao Filho	*Vós que sois Deus, e viveis e reinais com o Pai, na unidade do Espírito Santo, por todos os séculos dos séculos.*

E a assembleia responde, aclamando sempre em voz alta: "*Amém*".

Nas mãos do Senhor, entregamos as nossas orações: a coleta. Elas não têm a pretensão de que Deus faça a nossa vontade, mas sim de que façamos a vontade de Deus. A oração da coleta finaliza os ritos iniciais, abrindo espaço para a liturgia da Palavra.

3
Conhecendo a liturgia da Palavra

> Não só de pão vive o homem, mas de toda Palavra que
> sai da boca de Deus. (Mt 4,4)

Após os ritos iniciais, dá-se início à liturgia da Palavra. É o momento de ouvir a Palavra de Deus na posição sentada, em uma postura de disposição para escutar com fé o que Deus tem a nos falar. A liturgia da Palavra recorda e mantém a tradição da Igreja de reunir a comunidade para ouvir a Palavra de Deus e a ela responder. Podemos confirmar isso no Livro dos Atos dos Apóstolos 2,42-47, onde encontramos a formação da primeira comunidade cristã que se reunia para ouvir os ensinamentos dos apóstolos, para a comunhão fraterna, para a partilha do pão e para fazer as orações. Por isso, mantendo a tradição, preservamos esse momento de escuta amorosa para que Deus fale ao coração, para a realidade concreta da vida, a fim de que os gestos, as atitudes e as intenções da semana frutifiquem no amor.

O documento *Sacrosanctum Concilium*, primeira Constituição promulgada pelo Concílio Vaticano II sobre a sagrada liturgia, julgou dever interessar-se, de modo particular, pela reforma e pelo incremento da liturgia, para promover uma maior participação e a santificação do Povo de Deus presente na assembleia. Antes, somente a liturgia eucarística era importante, mas hoje (pós-Concílio), de fato, pode-se dizer que toda a celebração é, em certo sentido, uma liturgia da Palavra. É a Palavra que se faz canto, oração, escuta, leitura, imagens, sons e Eucaristia.

Na liturgia da Palavra, Cristo está realmente presente e atuante, e nos fala solenemente, para a comunidade e individualmente (cf. SC, n. 7). Lembremo-nos de que Ele é a Palavra de Deus, o Verbo encarnado, que sempre esteve com Deus (cf. Jo 1); portanto, toda Palavra proclamada nas leituras é proclamada por Ele. Isso nos remete a uma atenção especial para ouvir o que o Senhor quer nos falar.

O leitor pode ser um cristão leigo, e este deve preparar a sua leitura não somente para ler, mas, mais do que isso, para proclamar a Palavra, para que todos possam captar, ouvir e bem entender a sua leitura. Sua palavra deve ser ecoada biblicamente para que a mensagem tenha vida; espiritualmente porque está sendo instrumento do próprio Cristo, ao emprestar a sua voz e o seu ânimo evangelizador, com paixão e amor, como o próprio Jesus proclamou; com postura corporal e semblante adequado de quem quer servir com dignidade e alegria; com tom de voz adequado e correto uso do microfone, pois são elementos de transmissão da mensagem, a fim de que ela chegue a todos os ouvidos nem alta, nem baixa demais, com uma pronúncia clara e um tom de voz agradável, doce, acolhedor e animador; e usar vestes adequadas, em conformidade com a Casa de Deus, lugar santo.

> O leitor precisa se preparar, assim como toda a comunidade, para que cada palavra seja acolhida na mente e no coração, a fim de, depois, ser anunciada, refletindo a Luz do próprio Cristo em cada um.

A Palavra gera vida! Vejamos o exemplo de Maria. Ela ouviu a Palavra e a acatou; então, a partir dessa escuta e do seu "sim" ao que Deus lhe falou no coração, Maria gerou vida no seu ventre: Jesus (cf. Lc 1). Assim é a Palavra de Deus, que vem para fazer de nós criaturas novas, renovadas pelo seu amor.

A IGMR prevê isso, e a Introdução ao Lecionário da Missa (ILM), em seu n. 16, afirma que, "na celebração da missa com o povo, as leituras devem ser feitas sempre no ambão [...] um lugar elevado, fixo e adequadamente disposto", amplo, nobre, por causa da dignidade da Palavra de Deus. A IGMR, no n. 309, diz ainda que "o ambão seja disposto de tal modo em relação à forma da igreja que os ministros ordenados e os leitores possam ser vistos e ouvidos facilmente pelos fiéis". Sendo assim, não é especificado que ele esteja à direita ou à esquerda do altar, mas sim em um lugar onde todos possam ver e ouvir bem o que está sendo proclamado.

O ambão ou Mesa da Palavra, como o próprio nome diz, deve ser usado apenas para a proclamação da Palavra de Deus, e nunca para dar avisos, fazer homenagens, animar os cânticos. Também é o espaço memorial do túmulo vazio, fazendo referência à ressurreição de Cristo, que deixou sua Palavra para nutrir a vida da Igreja.

A liturgia da Palavra, no dia do Senhor, o domingo, é formada por duas leituras, pelo salmo e pelo Evangelho, e se repete a cada três anos, formando o triênio: Ano Litúrgico A (Evangelho de São Mateus), Ano Litúrgico B (Evangelho de São Marcos) e Ano Litúrgico C (Evangelho de São Lucas). O Evangelho de São João é proclamado todos os anos nos tempos da Quaresma e da Páscoa.

Com exceção do Tempo da Páscoa, a primeira leitura sempre é retirada do Antigo Testamento, e a segunda leitura, do Novo Testamento, do livro dos Atos dos Apóstolos, das Cartas Apostólicas e do Apocalipse. O salmo tem grande importância porque favorece, facilita e conduz a meditação da Palavra de Deus.

3.1 A primeira leitura

Embora os textos da primeira leitura sejam do Antigo Testamento (com exceção do Tempo Pascal, retirado do Livro dos Atos dos Apóstolos), eles devem ser lidos à luz de Cristo, Mestre e Senhor de todos os tempos, ou seja, perceber a ação de Deus no mundo e em meio à humanidade desde sempre e para sempre. Jesus mesmo disse: "Eu não vim para abolir as Escrituras, mas para cumpri-las" (Mt 5,17).

Apesar de o Antigo Testamento não ter uma linguagem tão acessível quanto o Novo Testamento, precisamos conhecê-lo para entender a história da salvação que se inicia com a criação, passa por Abraão, por Moisés, pelos profetas e reis de Israel, até Jesus e os Apóstolos, e está passando por nós e irá até o fim do mundo. O que parece tão distante, no passado, faz parte do processo amoroso de Deus, que quis caminhar entre os homens e falar a linguagem deles.

Ao final da proclamação, o leitor diz: "Palavra do Senhor", e a assembleia responde: "Graças a Deus".

3.2 O salmo responsorial

O salmo, que pode ser recitado ou cantado, é como um eco ou uma resposta à mensagem da primeira leitura. Não é um canto qualquer: é a Palavra de Deus; portanto, não pode ser substituído por um canto de meditação ou outro canto qualquer.

Os salmos são orações escritas ao longo da história do Povo de Deus e, em cada um deles, está expresso o sentido mais profundo da relação do homem com Deus, manifestando confiança, alegria, gratidão, felicidade, angústia, tristeza, arrependimento etc.

O salmista deve cantar o salmo do mesmo lugar onde foi proclamada a primeira leitura. Ele anuncia o refrão, inicialmente, para que a assembleia cante em seguida. Depois, ele canta as estrofes e quem responde, com o refrão, é a assembleia. No caso de não haver alguém que cante o salmo, pode ser recitado pelo salmista, tendo a resposta da assembleia, que permanece sentada.

3.3 A segunda leitura

> "Cristo ressuscitou dentre os mortos..."
> (1Cor 15,20).

Ainda sentada, a comunidade ouve atenta a segunda leitura da liturgia da Palavra, que é escolhida do Novo Testamento. Os textos fazem referência à pessoa e à obra de Jesus Cristo, morto e ressuscitado, como também à Igreja nascente, na sua obra de evangelização e na sua missão de anunciar o Evangelho.

Essa segunda leitura da missa é escolhida dos textos de Atos dos Apóstolos, Apocalipse e, geralmente, de uma Carta Apostólica escrita e endereçada para alguma comunidade ou igreja. As cartas foram escritas pelos discípulos de Jesus para nós, para toda a humanidade, com a intenção de: passar um conteúdo precioso; uma orientação para vivermos na fé; uma preparação para o regresso de Jesus; um encorajamento para permanecermos fiéis a Jesus e à sua Igreja, em meio às provações.

> Não se diz o nome do leitor que fará as leituras, porque são palavras do próprio Deus, que nos fala na voz do leitor que proclama a Palavra. Essa orientação serve para as leituras, os salmos e o Evangelho.

Nessas cartas encontramos uma experiência viva e real da vida cristã, em que se destaca a fé que fundamentou as primeiras comunidades e a Igreja de hoje, e se mostra que toda a comunidade tem o compromisso de colocar a Palavra de Deus em prática.

3.4 A aclamação ao Evangelho

> "E toda aquela multidão, que o precedia e que o seguia, clamava: 'Hosana ao filho de Davi! Bendito seja aquele que vem em nome do Senhor! Hosana no mais alto dos céus!'"
> (Mt 21,9)

A aclamação ao Evangelho é o momento de preparação para ouvir o Senhor, que quer nos falar. Aclamar quer dizer aplaudir ou aprovar com brados, saudar, e, por isso, a aclamação é cantada com alegria, como um louvor a Jesus Ressuscitado. Nesse momento, de pé, em atitude de expectativa, preparamo-nos para ouvir com vigor e disposição o que será proclamado, e abrimos o nosso coração para receber as graças derramadas a partir da Palavra de Jesus Cristo.

Aclamamos Jesus, o nosso Mestre e Senhor, o dono da casa que se digna a falar conosco, cantando o "Aleluia", como fruto da alegria da ressurreição do Senhor. O canto de aclamação constitui um rito, havendo ou não uma procissão com o Evangeliário. Com o canto de aclamação, a assembleia acolhe e saúda o Senhor que irá lhe falar.

Durante o Tempo da Quaresma, o "Aleluia" não é cantado, porque é o tempo da Paixão de Cristo, tempo da espera da sua ressurreição, da Vida Nova que será plenificada na Páscoa com um grande "Aleluia" para todo o sempre.

3.5 A proclamação do Evangelho

> Jesus voltou então para a Galileia, com a força do Espírito, e sua fama espalhou-se por toda a região circunvizinha. Ensinava em suas sinagogas e era glorificado por todos. Ele foi a Nazaré, onde fora criado, e, segundo seu costume, entrou, em dia de sábado, na sinagoga e levantou-se para fazer a leitura. Foi-lhe entregue o livro do profeta Isaías; abrindo-o, encontrou o lugar onde está escrito: "O Espírito do Senhor está sobre mim, porque Ele me ungiu para evangelizar os pobres; enviou-me para proclamar a remissão aos presos e aos cegos a recuperação da vista, para restituir a liberdade aos oprimidos e para proclamar um ano de graça do Senhor". Enrolou o livro, entregou-o ao servente e sentou-se. Todos na sinagoga olhavam-no, atentos. Então começou a dizer-lhes: "Hoje se cumpriu aos vossos ouvidos essa passagem da Escritura" (Lc 4,14-21).

Ainda de pé, toda a comunidade permanece para ouvir o Evangelho que será proclamado. Jesus está presente no nosso meio! Ele mesmo que nos fala e, para isso, vamos primeiramente persignar-nos.

Quem proclama o Evangelho (um diácono ou sacerdote) diz: "O Senhor esteja convosco", e a comunidade responde: "Ele está no meio de nós". O diácono/sacerdote continua: "Proclamação do Evangelho de Jesus Cristo segundo (o evangelista do dia)". Nesse momento, quem lê traça sobre o livro o sinal da cruz e depois sobre si, na testa, na boca e no peito (isso é persignar-se!), juntamente com toda a assembleia, que responde: "Glória a vós, Senhor!". Não é preciso fazer o sinal da cruz sobre si após persignar-se.

A palavra "persignar-se" vem de signo, e signo é sinal. Fazer o signo sobre si é fazer o sinal sobre si. Mas qual é o nosso sinal, o sinal do cristão? É a cruz, sinal da nossa salvação; por isso, traçamos sobre nós o sinal da cruz na testa para abrir a nossa mente, a fim de compreendermos a Palavra; na boca, para anunciar a Palavra aos irmãos; e, no peito, para que a Palavra permaneça e esteja em nosso coração. Pedimos ao Pai que sejamos corajosos e incansáveis para levar a Boa Notícia por meio do anúncio e do testemunho de nossa vida.

> Persignamo-nos também ao nos levantarmos pela manhã, na intenção de que o Senhor esteja conosco em nossos pensamentos, em nossas palavras e em nossas atitudes durante todo o dia, lembrando que isso deve ser passado de pai para filho.

O Evangelho é o alimento, o pão da Palavra de Deus. Ele é o ponto alto da celebração da Palavra. Quem fala é o Senhor e é para Ele que se voltam o nosso olhar e os nossos ouvidos.

Os textos são sempre retirados dos quatro Evangelhos (Mateus, Marcos, Lucas e João) e distribuídos nos três Anos Litúrgicos da Liturgia Dominical. Os Evangelhos de Mateus, Marcos e Lucas narram os mesmos fatos, e são conhecidos como Evangelhos sinóticos. O Evangelho de João tem um estilo diferente, pois focaliza outros fatos e palavras de Jesus, dá destaque para a divindade de Jesus e penetra mais no Mistério do Filho de Deus.

Os Evangelhos das missas diárias se repetem todos os anos e estão inseridos no Missal Cotidiano, na Semana do Tempo

Litúrgico. Em cada semana do ano, seis dias são dedicados às missas cotidianas, com suas leituras e Evangelhos. As leituras do domingo encontram-se no Missal Dominical.

O Evangelho deve sempre ser proclamado do Evangeliário, livro que contém somente os Evangelhos, ou do Lecionário, e nunca no folheto da missa. O Evangeliário é um livro com uma encadernação especial que, geralmente, contém, na capa, o ícone de Cristo. Esse cuidado com a apresentação do livro que contém a Palavra de Deus tem um valor simbólico como todo livro litúrgico. Eles comunicam a ideia de perenidade, algo que não se perde, é vivo e eterno, assim como é a Palavra de Deus! Os folhetos, ao contrário, remetem à ideia de efêmero, passageiro, descartável.

Ao final da leitura do Evangelho, o sacerdote ou o diácono beija o Evangeliário. Essa é uma atitude de amor para com o próprio Cristo, que é a Palavra de Deus proclamada. Jesus está vivo e presente ali na Palavra. Essa atitude nos convoca também a demonstrarmos o nosso amor por Jesus e seus ensinamentos, com um beijo espiritual, uma atitude interior de adoração ao Senhor que acabou de nos falar.

3.6 A homilia

Homilia significa "conversar familiarmente"; uma ressonância da Boa Notícia que o Pai comunicou a seus filhos. É a explicação de algum aspecto das leituras realizadas na missa que ajuda a entendê-las e a aplicá-las à vida. Não deve ser abstrata nem genérica, mas levar em consideração o texto bíblico, o mistério que se celebra, a assembleia que a escuta e a realidade em que vivemos. O próprio Cristo a fez (cf. Lc 4,15-21), e de todos os lugares vinham ouvi-lo (cf. Mc 1,45), maravilhando-se com os seus ensinamentos (cf. Mc 6,2).

> "Bem-aventurados os que ouvem a Palavra de Deus e a põem em prática" (Lc 11,28).

Após a proclamação do Evangelho, toda a assembleia fica sentada para ouvir o que Deus quer lhe falar, hoje, por meio da homilia, que é o diálogo do Pai com seus filhos. Ela deve ser explicativa, seguindo o exemplo da passagem bíblica que conta a história de um homem que não entendia as Escrituras e que, depois de uma conversa com Filipe, converteu-se (cf. At 8,26-38).

Os fiéis devem lembrar o que próprio Cristo disse aos seus discípulos: "Quem vos ouve, a mim ouve. Quem vos rejeita, a mim rejeita" (Lc 10,6). Por isso, não devem ater-se às fragilidades ou aos defeitos da pessoa do sacerdote. Homilia significa conversa entre família; aqui, uma família composta de uma comunidade de cristãos. As palavras de um pai e de uma mãe devem ser de reflexão da vida, conduzindo os filhos sempre mais à frente. Nesse momento, Deus usa o sacerdote para falar aos seus filhos, mas é o próprio Deus falando ao seu povo.

A homilia é a integração da Palavra de Deus proclamada com a vida da comunidade e de cada cristão. Ela deve ser formativa a partir da vida de Cristo, da sua Paixão, Morte e Ressurreição, para o crescimento e a educação da fé. Ela deve manifestar a proposta de Deus às necessidades dos seres humanos e apresentar a novidade que está sempre presente na Palavra de Deus e que vem ao nosso encontro por meio daquele que está exercendo o ministério da Palavra.

Assim sendo, cada um deve procurar encontrar, por mais simples que seja ou mais complexa que se apresente a homilia, uma palavra, uma expressão, uma boa-nova para a sua vida, exercitando-a durante toda a semana, até o próximo encontro com o Senhor.

3.7 O Creio

O Creio é uma síntese das verdades fundamentais da fé, ou seja, a nossa confiança em Deus Pai, Filho e Espírito Santo. Essa profissão de fé existiu desde o princípio da cristandade para manter os cristãos unidos, à medida que foram se espalhando pelo mundo. Na missa, de pé e em alta voz, toda a assembleia, confiante, professa solene e publicamente sua fé no Creio. Ela é professada pela comunidade, logo após a homilia, como uma resposta à Palavra de Deus que foi proclamada anteriormente, mostrando-se disposta e preparada para colocá-la em prática.

Existem dois textos do Creio: o Símbolo dos Apóstolos e o Símbolo Niceno-Constantinopolitano.

3.7.1 Símbolo dos Apóstolos

Esse símbolo apostólico vem do tempo dos Apóstolos e é um resumo das verdades de fé professadas pelos primeiros cristãos. Ele é mais curto e mais comumente professado nas missas, da seguinte forma:

> Creio em Deus Pai todo-poderoso, Criador do céu e da terra, e em Jesus Cristo, seu único Filho, nosso Senhor, que foi concebido pelo poder do Espírito Santo; nasceu da Virgem Maria; padeceu sob Pôncio Pilatos, foi crucificado, morto e sepultado; desceu à mansão dos mortos; ressuscitou ao terceiro dia; subiu aos céus, onde está sentado à direita de Deus Pai todo-poderoso, de onde há de vir a julgar os vivos e os mortos. Creio no Espírito Santo, na santa Igreja Católica, na comunhão dos santos, na remissão dos pecados, na ressurreição da carne, na vida eterna. Amém.

3.7.2 Símbolo Niceno-Constantinopolitano

Esse símbolo é mais extenso e recebe esse nome por ter sido originado nos Concílios de Niceia e Constantinopla.

No século IV, um teólogo chamado Ário começou a ensinar que Jesus era apenas homem, e não Deus. Isso é considerado uma heresia, porque nega uma verdade da fé. Para afirmar a divindade de Cristo e combater o "arianismo", foi convocado o Concílio de Niceia (na Turquia), que foi o I Concílio de bispos cristãos, convocado pelo imperador romano Constantino I, em 325. Nesse Concílio, foram acrescentadas as seguintes palavras ao Símbolo dos Apóstolos: "Deus de Deus, Luz da Luz, Deus verdadeiro de Deus verdadeiro...".

Logo depois, surgiu outro herege, Macedônio, que negava a divindade do Espírito Santo, e a Igreja se reuniu, então, em Constantinopla (atualmente Istambul, na Turquia), para o II Concílio, sendo o primeiro Concílio Ecumênico ("ecumênico" no sentido de terem sido convocados os bispos, representantes da Igreja de diversos lugares, doutrinas e culturas aceitos pela Igreja Católica), convocado por Teodósio I, imperador romano, no ano de 381. Nesse Concílio foram acrescentadas outras palavras ao Creio, afirmando que o Espírito Santo é verdadeiro: "Senhor que dá a vida e procede do Pai e do Filho, e com o Pai e o Filho é adorado e glorificado; Ele que falou pelos profetas".

A partir daí, o Creio Niceno-Constantinopolitano é professado desta forma:

> Creio em um só Deus Pai todo-poderoso, Criador do céu e da terra, de todas as coisas visíveis e invisíveis. Creio em um só Senhor, Jesus Cristo, Filho Unigênito de Deus, nascido do Pai antes de todos os séculos: Deus de Deus, Luz da Luz, Deus verdadeiro de Deus verdadeiro, gerado não criado, consubstancial ao Pai. Por Ele todas as coisas foram feitas. E, por nós, homens, e para a nossa salvação, desceu dos céus e encarnou pelo Espírito Santo, no seio da Virgem Maria, e se fez homem. Também por nós foi crucificado sob Pôncio Pilatos, padeceu e foi sepultado. Ressuscitou ao terceiro dia, conforme as Escrituras, e subiu aos céus, onde está sentado à direita do Pai, e de novo há de vir, em sua glória, para julgar os vivos e os mortos, e o seu reino não terá fim. Creio no Espírito Santo, Senhor que dá a vida, e procede do Pai, e com o Pai e o Filho é adorado e glorificado: Ele que falou pelos profetas. Creio na Igreja Una, Santa, Católica e Apostólica. Professo um só batismo para remissão dos pecados. E espero a ressurreição dos mortos e a vida do mundo que há de vir. Amém.

3.8 A oração dos fiéis

Ainda de pé, assim como rezavam os primeiros cristãos, a comunidade permanece para elevar seus pedidos ao Pai, na esperança de que a salvação que foi anunciada nas leituras da Palavra seja eficaz na vida de todos. Toda a comunidade reza pelas seguintes intenções: pelas necessidades da Igreja; pelas autoridades civis/poderes públicos e pela salvação do mundo; pelos que sofrem e pela comunidade local. As respostas podem ser cantadas ou recitadas.

A oração dos fiéis é uma súplica a Deus pelas necessidades das pessoas, da Igreja e do mundo. A oração, assim como uma alavanca, tem o poder até de "remover montanhas"; por isso ela deve ser feita com fé, na certeza de que é o próprio Deus quem age em nosso favor. Mesmo que o pedido não seja pronunciado em voz alta, ele pode ser feito por todos os fiéis nesse momento da grande oração da comunidade, tornando-se parte da oração de toda a Igreja e adquirindo um crédito maior do que se alguém estivesse rezando sozinho.

O sacerdote é quem introduz e conclui a oração dos fiéis, e com ela encerra-se a liturgia da Palavra.

4
Conhecendo a liturgia eucarística

Após toda a sequência ritual da liturgia da Palavra, dá-se início à liturgia eucarística, que é estruturada em três momentos específicos:

> **Apresentação ou preparação dos dons** ("tomou o pão")

> **Oração eucarística** ("deu graças")

> **Ritos de comunhão** ("partiu e deu")

A reforma litúrgica do Concílio Vaticano II, apresentada na *Sacrosanctum Concilium*, lembra que a ação litúrgica é comunitária, e não uma ação isolada do presbítero. É toda a comunidade que celebra.

A Eucaristia acontece como sacramento de renovação, em cada missa, da Ceia Pascal instituída por Jesus Cristo na Quinta-feira Santa; sacrifício que renova nosso compromisso ao nos fazer presenciar e participar do ato redentor de Cristo na cruz, quando se entrega para nos salvar de todos os pecados. É o sinal visível do sacrifício, porque Jesus, na Santa Ceia, ofereceu o seu Corpo e Sangue em alimento; Corpo doado e Sangue derramado na cruz. Quando nos alimentamos do Corpo e Sangue de Cristo, fazemos comunhão com Ele, oferecemos nossa vida, também, em sacrifício, para a salvação de toda a humanidade.

Na celebração eucarística, o sacerdote é o sinal sacramental da presença invisível de Cristo, agindo *in persona Christi caput*, que significa: "Na pessoa de Cristo, cabeça [da sua Igreja]". Toda a assembleia é convidada a participar da Ceia, pois Jesus quis estar com os homens, formar discípulos e comer com eles. Assim também quer estar conosco em cada celebração eucarística e se fazer alimento na nossa caminhada.

A presença de Jesus na celebração se revela de várias formas:

> **Na pessoa do sacerdote**, seu representante.

> **Na assembleia**, lugar onde prometeu estar.

> **Na Palavra**, que é viva e eficaz.

> **No pão e no vinho consagrados**, Corpo e Sangue do Senhor, Vivo e Ressuscitado.

> **No altar**, sacrifício de Cristo na cruz.

Essa presença é dinâmica. É Deus Vivo que está ali presente! Ele passa por nós, nos toca, faz a diferença na nossa vida, derrama graças e bênçãos e nos traz uma alegria que é a verdadeira felicidade dos homens. E isso tudo temos na Eucaristia que comungamos.

4.1 A apresentação das oferendas

A liturgia eucarística inicia-se com a apresentação das oferendas, e o essencial desse rito consiste em colocar sobre o altar o pão e o vinho, únicas oferendas, que se tornam Corpo e Sangue de Jesus durante a grande oração eucarística.

Outros objetos podem ofuscar a centralidade do pão e do vinho, que, ao serem apresentados, exprimem o trabalho, a vida de cada homem e de cada mulher ao Pai, a serviço dos irmãos, e pretendem dar significado à participação de todos nos frutos da Eucaristia.

A apresentação das oferendas é um momento muito rico pelos seus símbolos:

- O pão lembra a vida.
- O vinho é símbolo da alegria.
- O pão e o vinho estão relacionados à terra de onde o homem foi moldado pelas mãos de Deus e lugar de onde ele tira os frutos do trabalho para sua subsistência.
- Junto ao pão oferecido, cada pessoa coloca na patena a própria vida, desejosa de santificação e de agradecimento, que são os pedidos e anseios próprios e da comunidade.
- No cálice está a salvação: o vinho é a festa e, também, o sacrifício.

Antes do Concílio Vaticano II, esse momento da missa era chamado de "ofertório" ou "procissão do ofertório", e passou a ser chamado de "procissão das oferendas", pois o próprio Cristo, morto e ressuscitado, é a verdadeira "oferta" que a Igreja apresenta ao Pai. A oferta material feita pelos fiéis é destinada ao serviço da Igreja e à caridade para com os irmãos mais necessitados.

Durante a procissão das oferendas, se houver, toda a assembleia fica sentada e somente se levanta para fazer a sua oferta material quando o cesto não estiver próximo.

O canto das oferendas acompanha o rito de preparação das oferendas e é bastante livre quanto à sua escolha. Quando não houver canto, toda a assembleia permanece em silêncio e responde à oração do celebrante. Vejamos como isso acontece.

| Enquanto apresenta o pão, o sacerdote diz: | *Bendito sejais, Senhor, Deus do universo, pelo pão que recebemos de vossa bondade, fruto da terra e do trabalho humano, que agora vos apresentamos, e para nós se vai tornar pão da vida!* |

E a assembleia responde:	*Bendito seja Deus para sempre!*
Depois o sacerdote derrama vinho e um pouco de água no cálice, rezando em silêncio:	*Pelo mistério desta água e deste vinho possamos participar da divindade do vosso Filho, que se dignou assumir a nossa humanidade.*

A água colocada no vinho representa a humanidade (nós, homens e mulheres, o mundo) inserida na participação da divindade de Cristo, representada pelo vinho. Se a humanidade é somente uma gota, ela não é mais ela, mas tudo em Cristo, assim como disse São Paulo: "Eu vivo, mas já não sou mais eu, é Cristo que vive em mim" (Gl 2,20).

Enquanto o sacerdote apresenta o vinho, ele diz:	*Bendito sejais, Senhor, Deus do universo, pelo vinho que recebemos de vossa bondade, fruto da videira e do trabalho humano, que agora vos apresentamos e que para nós se vai tornar vinho da salvação!*
E a assembleia responde:	*Bendito seja Deus para sempre!*
O sacerdote, inclinado, reza em silêncio:	*De coração contrito e humilde, sejamos, Senhor, acolhidos por vós; e seja o nosso sacrifício de tal modo oferecido que vos agrade, Senhor, nosso Deus.*

Em seguida, o sacerdote realiza o gesto de lavar as mãos. Esse gesto teve um significado prático na sua origem: o celebrante recebia as ofertas que eram frutos da terra, alimentos para a necessidade dos mais pobres. Hoje, exprime o desejo de purificação e preparação espiritual para dar continuidade ao Mistério que está sendo celebrado.

Enquanto o sacerdote lava as mãos, diz em silêncio:	*Lavai-me, Senhor, de minhas faltas e purificai-me de meus pecados!*

A apresentação das oferendas se encerra com a seguinte oração, ou similar (a assembleia fica de pé neste momento):	*Orai irmãos e irmãs, para que o meu e vosso sacrifício seja aceito por Deus Pai todo-poderoso.*
E a assembleia responde:	*Receba o Senhor por tuas mãos este sacrifício, para glória do seu nome, para o nosso bem e de toda a sua santa Igreja.*

4.2 A oração sobre as oferendas

Esta oração tem a finalidade de apresentar a Deus os dons que deixamos no altar.

Lembremos que todas as três orações da missa (coleta, oferendas e comunhão) se encerram pedindo a Deus em nome de Jesus e que, no momento da oração, toda a assembleia deve estar de pé.

4.3 O prefácio da oração eucarística

Após a oração sobre as oferendas, inicia-se a oração eucarística, o coração da celebração que "atualiza" a Paixão de Jesus em cada missa. Na oração eucarística, vivemos e presenciamos o Mistério da presença real de Jesus no pão e no vinho consagrados.

O sacrifício de Cristo e o sacrifício da Eucaristia são um único sacrifício: "É uma só e mesma vítima, e Aquele que agora se oferece pelo ministério dos sacerdotes é o mesmo que outrora se ofereceu a si mesmo na cruz. Apenas a maneira de oferecer é diferente: [...] aquele mesmo Cristo que a si mesmo se ofereceu outrora de maneira cruenta (derramou sangue) no altar da cruz, agora está contido e é imolado (sacrificado) de maneira incruenta (sem derramamento de sangue) na Eucaristia" (CIgC, n. 1367).

A introdução ao prefácio da oração eucarística é um diálogo de fé entre o presidente (aquele que está presidindo a missa) e a assembleia – lembrando que a assembleia é o Corpo de Cristo, e Ele, a cabeça –, e essa introdução é sempre a mesma em todos os tempos litúrgicos:

> **Presidente**: O Senhor esteja convosco!

> **Assembleia**: Ele está no meio de nós. (Estamos na presença de Deus.)

> **Presidente**: Corações ao alto!

> **Assembleia**: O nosso coração está em Deus. (Está voltado para o alto.)

> **Presidente**: Demos graças ao Senhor, nosso Deus!

> **Assembleia**: É nosso dever e nossa salvação.
> (A nossa salvação passa pelo louvor, pelo agradecimento e pela ação de graças.)

O prefácio da oração eucarística é como uma introdução que se faz em um livro; é um hino de ação de graças ao Pai para dispor os corações dos fiéis ao agradecimento; é um hino de abertura que introduz a assembleia no Mistério eucarístico.

Durante as orações, o sacerdote permanece com as mãos elevadas como invocação e louvor – posição do mediador entre Deus e os homens –, e a assembleia fica de pé.

O prefácio é variável e há um ou mais para cada Tempo Litúrgico, por exemplo: do Advento, do Natal, da Epifania (é a manifestação de Jesus ao mundo, representada pelos Magos), da Quaresma, da Paixão, da Páscoa, da Ascensão do Senhor, do Pentecostes (descida do Espírito Santo sobre os discípulos), de Cristo Rei, da Eucaristia, da Santíssima Trindade, de Nossa Senhora, de São José, dos Apóstolos, dos Santos, dos Mártires, dos Pastores, das Virgens e Religiosos, dos Anjos, dos Mortos, e diversos outros prefácios do Tempo Comum, cada um com palavras próprias, referindo-se à festa celebrada.

O prefácio anuncia as maravilhas que Deus fez por nós, e, por isso, entramos em ação de graças. Ele lembra a vida de Jesus em sua totalidade e fala também sobre o Reino de Deus que está presente na nossa vida. O final do prefácio é sempre igual: "Por essa razão, agora e sempre, nós nos unimos à multidão dos anjos e dos santos, cantando (dizendo) a uma só voz...". Essa introdução surgiu por volta do ano 530, e toda a assembleia responde com muita alegria, rezando ou cantando o "Santo": "Santo, Santo, Santo, Senhor Deus do Universo! O céu e a terra proclamam a vossa glória. Hosana nas alturas! Bendito o que vem em nome do Senhor! Hosana nas alturas!".

Esse texto do "Santo" é retirado do profeta Isaías 6,1-7, em que este deixa bem claro ser um homem impuro, indigno de falar em nome de Deus, e que, no entanto, viu a glória do Senhor no Templo e depois foi purificado por um anjo. Essa passagem é uma lição para nós, que somos pecadores, temos os lábios impuros e estamos nos preparando para receber a Eucaristia; e também lembra a aclamação do povo na chegada de Jesus a Jerusalém (cf. Mt 21,8-11): é Jesus presente, entrando no coração de cada um, naquele momento.

Esse louvor relaciona-se à vitória do Cordeiro que foi imolado, mas que está de pé diante do trono de Deus, e professa a nossa fé na ressurreição de Jesus. A tripla repetição da palavra "Santo" quer dizer que Deus é três vezes Santo, ou seja, é Santíssimo, é Senhor do céu e da terra, e é Aquele que, em seu nome, vem a nós – o Cristo, a quem devemos bendizer: "Bendito o que vem em nome do Senhor!".

4.4 A oração eucarística

A oração eucarística é o conjunto dos textos que vão desde o diálogo inicial do prefácio até a grande doxologia: "Por Cristo, com Cristo, em Cristo...", antes do Pai-nosso. É uma prece de ação de graças e louvor a Deus por toda a obra da salvação; é o momento em que toda a assembleia se une a Cristo para proclamar as maravilhas de Deus e dar graças pelo dom de Cristo; é momento de santificação. Antes do Concílio Vaticano II havia uma só forma de oração eucarística, e, atualmente, no Brasil, temos quatorze orações eucarísticas.

> A Oração eucarística V é brasileira e foi introduzida no IX Congresso Eucarístico Nacional, em Manaus, em 1975. E a mais comum de ser rezada é a Oração eucarística II.

A oração eucarística é consecratória, isto é, é prece de consagração. É nela que o padre invoca o Espírito Santo para que consagre o pão e o vinho em Corpo e Sangue de Jesus. Uma narração com palavras e gestos, atitudes interiores e exteriores.

Essa parte da missa se desenvolve ao redor do altar, da Mesa Eucarística, em forma de refeição, onde acontece o Ritual do Sacrifício de Cristo. Sabemos que sacrifício está relacionado a algo difícil de realizar, custoso, dolorido, sofrido até. Entretanto, isso não é o mais importante do sacrifício. A palavra "sacrifício" é formada pela palavra *sacro*, que significa "sagrado", e *feito*, que significa "fazer". Portanto, *sacro-feito* é "fazer algo se tornar sagrado". Esse algo se torna sagrado quando é oferecido e entregue a Deus. O que oferecemos a Deus é um sacrifício, não porque seja difícil (somente), mas principalmente porque vai se tornar propriedade de Deus, e o que é de Deus é sagrado. Tudo o que oferecemos a Deus, na nossa vida, é chamado sacrifício, porque se torna sagrado.

Para libertar o homem da morte, Jesus se fez Homem e, no gesto de maior doação, que foi o oferecimento de sua Vida ao ser crucificado no Calvário, se entregou ao Pai, dizendo: "Tudo está consumado" (Jo 19,30); "Pai em tuas mãos entrego o meu espírito" (Lc 23,46). Ao oferecer a sua vida ao Pai, Ele desceu à mansão dos mortos e resgatou todos que ali estavam condenados à "morte eterna", abrindo a porta dos céus para a "vida eterna".

Na missa oferecemos o sacrifício de Cristo, sua entrega amorosa ao Pai, somado aos nossos oferecimentos para que, sacrificados, ou seja, tornados sagrados, sejamos aceitos por Deus. Esse oferecimento está simbolizado na gota de água colocada no vinho dentro do cálice, no altar, unindo nossa vida ao oferecimento de Jesus para sermos um presente para o Pai.

A parte central da missa realiza o que Jesus fez na última Ceia e mandou que fizéssemos em sua memória (cf. Lc 22,19). É o próprio Cristo presente que atua; por isso, essa oração é pronunciada pelo sacerdote, e não pela assembleia, que permanece de pé, atenta para dialogar com o Cristo e participar da Santa Ceia. Quando celebramos a Eucaristia, não nos limitamos a dizer as palavras da consagração recebidas do Senhor, nem somente a fazer com que outros escutem ou vejam os gestos em outro espaço, mas colocamos em ato a inteira ação que Jesus realizou na última Ceia: tomar, dar graças, partir, dar e comer...

Durante a oração eucarística, o sacerdote invoca ao Pai o Espírito Santo, estendendo as mãos sobre o pão e o vinho, pedindo que os santifique, consagrando-os para que se tornem o Corpo e o Sangue de Cristo. No momento dessa invocação, a assembleia se ajoelha em sinal de adoração e respeito, mas pode também ficar de pé, na presença do Espírito Santo, o próprio Deus presente. Faz-se silêncio absoluto! Está ali, presente, o mesmo Espírito que trouxe Jesus ao mundo, no ventre de Maria, e que agora vem trazer Jesus na Eucaristia, formando o Corpo de Cristo para ser comungado. O sacerdote toma o pão e apresenta-o à assembleia, dizendo as palavras que Jesus mandou dizer.

> *Estando para ser entregue e abraçando livremente a Paixão, Ele tomou o pão, deu graças, e o partiu e deu a seus discípulos, dizendo: "**Tomai, todos, e comei: isto é o meu Corpo, que será entregue por vós**".*

Nós encontramos estas palavras na Sagrada Escritura, no Evangelho de São Lucas, capítulo 22, versículo 19.

E cada fiel, em profunda adoração, nesse momento reza por toda a humanidade, pedindo a conversão de todos que ainda não reconhecem Jesus como o Filho de Deus. Reza-se interiormente, sem pronunciar oralmente estas breves orações: "Meu Senhor e meu Deus!", ou "Creio, Senhor, mas aumentai minha fé!".

No instante em que o sacerdote está com a hóstia elevada, na maioria das igrejas, o sino toca. Então, erguemos nossos olhos para que se encontrem com o olhar do próprio Cristo ali presente, e, somente depois que o sacerdote deposita na patena a hóstia consagrada no altar, a assembleia abaixa a cabeça em sinal de adoração e humildade por estar na presença do Cristo vivo; e também o sacerdote ajoelha-se ou faz uma vênia profunda, como gesto de adoração ao Deus vivo, e depois continua a oração para a consagração do vinho:

> *Do mesmo modo, ao fim da ceia, ele tomou o cálice em suas mãos, deu graças novamente, e o deu a seus discípulos, dizendo: "**Tomai, todos, e bebei: este é o cálice do meu Sangue, o Sangue da nova e eterna aliança, que será derramado por vós e por todos para remissão dos pecados. Fazei isto em memória de mim**".*

Encontramos estas palavras na Sagrada Escritura, no Evangelho de São Mateus, capítulo 26, versículos 26-28.

A narração da ceia torna presente o momento em que Jesus institui a Eucaristia. A assembleia se posiciona igualmente à consagração do pão, e, na sua oração pessoal, deposita todas as suas intenções dentro do cálice que está sendo consagrado, na intenção de que elas sejam santificadas. Em seguida, o sacerdote diz: "Mistério da fé" (1Tm 3,9), ou "Mistério da fé e do amor", ou ainda "Mistério da fé para a salvação do mundo". Então, toda a assembleia de pé, na posição de Jesus Ressuscitado, responde:

> *Anunciamos, Senhor, a vossa morte e proclamamos a vossa ressurreição. Vinde, Senhor Jesus!*

Ou

> *Todas as vezes que comemos deste pão e bebemos deste cálice, anunciamos, Senhor, a vossa morte, enquanto esperamos a vossa vinda.*

Ou

> *Salvador do mundo, salvai-nos, vós que nos libertastes pela cruz e pela ressurreição!*

A aclamação "Mistério da fé" é a única pronunciada diante da transformação substancial do pão e do vinho no Corpo e no Sangue do Senhor Jesus; realidade essa que ultrapassa toda compreensão humana. Não se deve inventar outras aclamações. É o anúncio da Páscoa do Senhor, da sua ressurreição. O Mistério celebrado é o Mistério da Páscoa, em que se "atualiza" o que aconteceu há dois mil anos: a Paixão, a Morte e a Ressurreição de Jesus. Atualização no sentido de se tornar presente. Ele está vivo na hóstia consagrada. Nela está o Corpo, o Sangue, a Alma e a divindade de Jesus.

Durante a consagração, não deve ser tocada nenhuma música, e o silêncio deve ser absoluto. Não devemos fazer as nossas orações em voz alta.

4.4.1 Orações de intercessão

Após a consagração, a Igreja reza por ela mesma, presente em todo o mundo, pelo papa, pelos bispos, ministros e fiéis, pelos que já morreram, pelos santos e mártires, celebrando assim, todos juntos, ao redor do altar. É a Eucaristia sendo celebrada em comunhão com toda a Igreja do céu e da terra.

O sentido dessa oração é o de que não somos um grupo particular, mas estamos unidos a toda a Igreja e, em especial, com seus pastores, e por isso o papa e o bispo são nomeados.

4.4.2 Doxologia final: "Por Cristo, com Cristo, em Cristo..."

O termo "doxologia" é designado para se referir à oração de louvor, um hino de glorificação ao Pai, no Filho e pelo Espírito Santo. Nessa oração colocamos os passos de todos os dias da nossa vida em sacrifício por Cristo, com Cristo e em Cristo. É o momento em que unimos o oferecimento de nossa vida ao oferecimento do sacrifício de Jesus, presente na Eucaristia.

Escolhemos, nesse momento, oferecer a nossa vida ao Pai para a honra e glória Dele, junto ao Corpo de Cristo, que é a Igreja reunida e unida na unidade do Espírito Santo. Esta oração é pronunciada exclusivamente pelo sacerdote que preside a missa: "Por Cristo, com Cristo, em Cristo, a vós, Deus Pai todo-poderoso, na unidade do Espírito Santo, toda a honra e toda a glória, por todos os séculos dos séculos".

> Nesse momento, muitas comunidades têm o costume de estender as mãos em direção ao altar, como gesto de oferecimento da própria vida, embora não seja uma regra litúrgica.

E toda a assembleia responde com um solene e alto: "Amém". Essa resposta, a mais solene da celebração, encerra a oração eucarística e, geralmente, é cantada nas missas dominicais. Nesse "amém", concretiza-se a presença de toda a comunidade unida por Cristo, com Cristo e em Cristo.

O nosso "amém" estará completo quando chegar o dia em que, no céu, estivermos oferecendo não somente parte de nossa vida, mas toda ela, entregando-a "agora e para sempre, para a honra e glória de Deus".

Segundo São Jerônimo, o "amém" da oração eucarística ecoa como um trovão no céu.

4.5 Os ritos de comunhão

Os ritos de comunhão são compostos de: oração do Pai-nosso; rito da paz; fração do pão e o cordeiro de Deus; a comunhão e a oração depois da comunhão.

4.5.1 Oração do Pai-nosso

A oração do Pai-nosso é a que Jesus nos ensinou a rezar e a chamar Deus de Pai. É a oração perfeita e completa, e nela encontramos tudo do que precisamos para buscarmos a santidade. É uma oração composta de sete pedidos perfeitos para tudo do que precisamos para viver em harmonia com os ensinamentos de Jesus.

> Encontramos Jesus ensinando a oração do Pai-nosso aos discípulos no Evangelho de Mateus 6,9-13.

Hoje, ousamos fazer para Jesus o mesmo pedido que os discípulos fizeram: "Senhor, nos ensina a orar!", e ficamos à espera de que Ele sussurre em nosso coração as mesmas palavras daquele dia: "Quando rezardes, dizei: 'Pai nosso...'".

Pai nosso que estais nos céus

Dizer "Pai nosso" é uma grande ousadia cristã. Você já reparou que Jesus não iniciou a oração dizendo "meu Pai"? Deus é Pai de todos nós e temos de ter consciência comunitária em nossas orações. Nas religiões antigas não era muito habitual dirigir-se a Deus como Pai, muito menos como Pai "nosso". Jesus nos ensina e nos obriga a reconhecer o "nosso", quebrando o individualismo, afinal, Deus é Pai de todos.

No Antigo Testamento, Deus era invocado com esse título dada a sua relação especial com Israel, salvo da escravidão e protegido com evidentes sinais de intervenções divinas. Jesus é o Filho de Deus, e aqueles que o seguem participam dessa filiação divina. Por isso, podem chamá-lo Pai, *Abbá*, ou seja, "papá", "paizinho", "pai querido".

Ao mencionar "que estais nos céus", afirma-se compreender que Ele está em toda parte, inclusive aqui, agora.

Santificado seja o vosso nome

O termo "santificar" traz na oração o reconhecimento do nome de Deus como santo (cf. CIgC, n. 2807). Significa que não só o nome, mas também a realidade divina, em três Pessoas, seja adorada, glorificada, conhecida e acreditada no mundo inteiro. Para que isso aconteça, precisamos fazer a nossa parte como anunciadores da mensagem de Jesus Cristo.

Na linguagem bíblica, o nome é a pessoa. Invocar o nome de Deus é invocar a Deus. Se Deus é o santo por excelência, dizer "santificado seja o vosso nome" significa pedir que Ele se manifeste, se dê a conhecer e cumpra as suas promessas. Significa também pedir que a nossa vida cristã seja coerente e leve outros à fé.

Venha a nós o vosso Reino

Como entender a vinda do Reino de Deus? Segundo São Cipriano, citado no CIgC, n. 2816-2817: "O Reino de Deus pode até significar o Cristo em pessoa, a quem nós invocamos com nossas súplicas todos os dias [...]. É o pedido que fazemos: 'Vem, Senhor Jesus'", Àquele que nos traz esperança.

Depois que Jesus sobe aos céus, é, pois, pela obra do Espírito Santo, a partir de Pentecostes, que todas as coisas são santificadas, levando à plenitude a sua obra (cf. MR, Oração eucarística IV).

Ao dizer "venha a nós o vosso Reino", colocamo-nos em íntima relação com Deus, dispostos a ter atitudes e a verbalizar palavras que expressem a presença do Senhor entre nós, testemunhando que o Reino de Deus está no meio de nós (cf. Lc 17,20-21). E isso é possível quando vivemos a prática do Evangelho a partir do exemplo da ação que Jesus praticou no mundo.

O Reino ou Reinado de Deus significa a nova ordem ou estado das coisas, na qual a sua soberania é reconhecida e aceita. Esse Reino é atualidade e presença, a partir da presença de Jesus. Mas pede-se o seu reconhecimento no presente, e a sua plena revelação no futuro.

Seja feita a vossa vontade assim na terra como no céu

Não é a nossa vontade que precisa ser cumprida, mas a vontade do Pai, colocando-nos nas mãos de Deus e aceitando os seus desígnios. Com Jesus, aprendemos o que significa fazer a vontade de Deus, pois, em sua natureza humana, Ele uniu a sua vontade à vontade do Pai. Nós, também, neste momento pedimos a Deus que una a nossa vontade à de Jesus, para que possamos contribuir com o seu plano de salvação.

O pão nosso de cada dia nos dai hoje

Este é o procedimento, porque Deus nos aconselha a não nos preocuparmos com o dia de amanhã. Por isso, vamos pedir o pão somente para hoje. O pão material do qual necessitamos é o alimento e a saúde, o trabalho justo, o estudo que nos prepara para melhor viver e louvar ao Senhor, o emprego, enfim, tudo aquilo que é realmente importante para nós. E vamos pedir somente para hoje, confiantes no Senhor, que tudo vê e tudo pode, e na sua divina providência, que nada nos deixará faltar.

O pão não significa somente o alimento material, mas o nosso alimento de vida eterna: Jesus eucarístico que se oferece por nós, diariamente, em cada missa, em todo o mundo, e, também, a Palavra de Deus.

Perdoai-nos as nossas ofensas, assim como nós perdoamos a quem nos tem ofendido

Precisamos ter consciência de que somos pecadores, cometemos falhas, pois nem sempre realizamos a vontade de Deus de vivermos como irmãos: brigamos, ofendemos, desrespeitamos e tantas outras coisas; por isso necessitamos do perdão de Deus, o qual devemos pedir em nossas orações. De fato, Deus nunca nega o perdão ao pecador arrependido que deseja não mais pecar e mudar de vida. Da mesma forma, Jesus nos ensinou, nesta oração, que devemos perdoar a quem nos ofende.

Se Deus perdoa porque ama e não quer que ninguém se perca, nosso perdão é expressão do reconhecimento do amor de Deus por toda a humanidade e do nosso amor ao irmão.

E não nos deixeis cair em tentação

São muitas as seduções que cercam o nosso dia a dia, tentando tirar-nos a paz e a amizade com Deus. A exemplo das tentações de Jesus no deserto, somos tentados a querer o poder, a riqueza, a fama, e também a perder a fé, a sermos violentos e injustos, a esquecer que somos irmãos e que Deus é nosso Pai.

A oração que nos une a Deus, feita com fé, tem a força de não nos deixar seduzir pelas coisas que passam, mas nos coloca em íntima comunhão com o Senhor, que enche o nosso coração com o que de fato é importante e fundamental para a nossa vida.

Quanto mais estivermos unidos a Deus, maior será nossa força para resistirmos às tentações.

Mas livrai-nos do mal

"Livrai-nos do mal." Há duas formas de traduzir essa petição: "livrai-nos do mal" ou "livrai-nos do maligno". Essa súplica expressa o pedido para que Deus nos proteja e liberte dos males que ferem a dignidade humana. Ao fazer esse pedido, expressamos nossa confiança plena em Deus para superar e vencer todos os males que afetam a humanidade. Ainda, manifestamos o nosso desejo de nos manter firmes na fé.

No centro da oração, mais uma vez, tratamos o Senhor como Pai, afinal, quem é o responsável pelo nosso sustento, pelo "pão nosso de cada dia", senão Ele? Mostramo-nos arrependidos quando lhe pedimos perdão pelos nossos pecados, e assumimos nossas fraquezas quando solicitamos sua proteção e o livramento dos males que não podemos controlar. Entretanto, devemos nos perguntar: será que vivemos em unidade com nossos irmãos?

Será que, verdadeiramente, tratamos o nome de Deus com o devido respeito? Perdoamos nossos irmãos do mesmo modo que desejamos ser perdoados? Será que, muitas vezes, não facilitamos para que o mal entre em nossas vidas?

O ensinamento de Jesus é para rezarmos bem e sempre. A Bíblia nos diz: "Quem pede com persistência recebe" (Parábola da viúva e do juiz – Lc 18,1-8); "Pedi e vos será dado; buscai e achareis; batei e vos abrirão. Pois, quem pede, recebe; quem procura, acha; e a quem bate, se abre" (A confiança na oração – Mt 7,7-8); "Vigiai e orai para não cairdes em tentação" (Jesus no Getsêmani – Mt 26,41); "Buscai, pois, em primeiro lugar o Reino de Deus e sua justiça, e todas essas coisas vos serão dadas de acréscimo" (Buscar a verdadeira riqueza – Mt 6,33).

O Pai-nosso é a oração de Jesus. Rezá-lo é comungar com a oração do nosso Salvador. A oração do Filho tornou-se a oração dos filhos. Há que reaprender a rezá-lo com a emoção com que o rezavam os recém-batizados nos primeiros tempos da Igreja. Há que rezá-lo, quanto possível, com a emoção e o afeto com que o rezava o Filho de Deus feito homem.

Jesus nos ensina que enfrentamos muitas tentações no nosso dia a dia e que o silêncio de Deus pode nos parecer que esteja distante, a ponto de elevarmos os olhos para os céus e gritar: "Meu Deus, meu Deus, por que me abandonaste?" (Mt 27,46); ou "Se for possível, afasta de mim este cálice!" (Mt 26,29). Mas não podemos desfalecer. Em tudo devemos pedir: "Pai nosso que estais no céu!" (Mt 6,9).

Ao final da oração do Pai-nosso, o celebrante continua rezando sozinho:

> *Livrai-nos de todos os males, ó Pai, e dai-nos hoje a vossa paz. Ajudados pela vossa misericórdia, sejamos sempre livres do pecado e protegidos de todos os perigos, enquanto aguardamos a feliz esperança e a vinda do nosso Salvador, Jesus Cristo.*

Essa parte chama-se "embolismo", isto é, um prolongamento da oração do Pai-nosso como um último pedido de súplica para que toda a comunidade seja libertada do poder do mal. E a assembleia responde, encerrando a oração:

> *Vosso é o reino, o poder e a glória para sempre!*

4.5.2 Rito da paz

Esse é o momento de orar pela paz. Todas as orações da missa são dirigidas ao Pai, mas esta se dirige a Jesus Cristo, porque é Dele que procede a paz, do Cristo Ressuscitado, a nossa verdadeira paz (Ef 2,13-18; Fl 2,5).

Depois do Pai-nosso, o gesto da paz é o segundo elemento de preparação para a comunhão. Nesse momento, a comunidade pede a paz e a unidade para a Igreja e toda a humanidade, expressando mutuamente a caridade por meio do abraço ou do beijo da paz – se for oportuno –, na alegria de, juntos, como irmãos, comungar o Corpo de Cristo.

4.5.3 Fração do pão e o Cordeiro de Deus

Nesse momento o sacerdote, antes da comunhão, toma nas mãos o pão consagrado e parte-o em pequenos pedaços. O significado dessa divisão do pão é a unidade de toda a assembleia, que forma o único Corpo de Cristo. Cada pedaço é parte do único Pão da Vida! Os discípulos de Emaús reconheceram Jesus pela fração do pão (cf. Lc 24,28-34).

O gesto de partir o pão possui um simbolismo muito grande: lembra a última Ceia de Jesus com seus discípulos, quando Ele parte o pão. Esse gesto de partir e repartir o pão, os dons e tudo o que temos e somos, é compromisso de comunhão. Após a fração do pão, o sacerdote coloca um pedacinho do pão consagrado no cálice com vinho, expressando a unidade do Corpo e do Sangue do Senhor. A mistura é o símbolo do Ressuscitado e faz com que cada cristão que recebe o Corpo e o Sangue na Eucaristia torne-se partícipe em sua vida gloriosa (cf. Carvalho, 2010, p. 53).

O grupo de canto, nesse momento, lembrando João Batista, quando fala para seus discípulos: "Eis o Cordeiro de Deus que tira o pecado do mundo", canta ou reza em voz alta o "Cordeiro de Deus". Cristo é o Cordeiro de Deus que deu a sua vida para trazer até nós a salvação. O Cordeiro imolado é o Cordeiro como sinal de libertação do pecado, ali presente na Eucaristia:

> *Cordeiro de Deus, que tirais o pecado do mundo,*
> *tende piedade de nós!*
> *Cordeiro de Deus, que tirais o pecado do mundo,*
> *tende piedade de nós!*
> *Cordeiro de Deus, que tirais o pecado do mundo,*
> *dai-nos a paz!*

Após essa oração, o sacerdote, de mãos unidas, reza mais uma vez, em silêncio, preparando-se para receber o Corpo e o Sangue de Cristo, e os fiéis devem fazer o mesmo. Em seguida, mostrando o pão consagrado que será recebido na comunhão, convida toda a assembleia para a Ceia do Senhor, rezando:

> *Felizes os convidados para a Ceia do Senhor! (Ou outros convites previstos),*

e complementa:

> *Eis o Cordeiro de Deus que tira o pecado do mundo!*

E a assembleia responde em sinal de humildade, assim como fez o oficial romano ao pedir a cura para o seu funcionário:

> *Senhor, eu não sou digno/a de que entreis em minha morada, mas dizei uma palavra e serei salvo/a! (Mt 8,8).*

4.5.4 Comunhão

Chega o momento de participarmos da Ceia do Senhor! Dirigimo-nos ao encontro do Senhor para recebermos o alimento do espírito que vai nos sustentar durante a semana.

Receber a Eucaristia é dizer "sim" à proposta que Jesus nos faz constantemente para sermos discípulos Dele. Na comunhão, fazemos a experiência da união com Deus, assumimos Deus em nossa vida e, assim, nos tornamos hóstias vivas no mundo, transformando nosso corpo e nosso sangue em alimentos para a vida de outras pessoas, no compromisso de testemunhar a fé que temos em Cristo, sendo sinal de justiça, de caridade, de fraternidade, de solidariedade, de bondade com todos os seres humanos, principalmente com os que convivem conosco, mais proximamente, em casa, no trabalho, na igreja, em todos os lugares e circunstâncias.

Recebe-se a Eucaristia na mão, sobreposta uma sobre a outra, em forma de cruz, ou na boca. As mãos postas juntas para receber a hóstia consagrada é sinal também de um trono para receber o Senhor, que vem como o Rei que governa a nossa vida.

Em caso de duas espécies, isto é, receber o Corpo e o Sangue de Cristo, sob a aparência de pão e de vinho, recomenda-se receber a comunhão na boca. É preciso muita delicadeza e cuidado nesse momento, para que nenhuma partícula ou gota do vinho consagrado caia no chão; portanto, nossas mãos devem sempre estar amparando nossos gestos. Após colocar a partícula na boca, o fiel deve observar se nenhuma pequenina partícula caiu ou ficou presa à mão que a recebeu, para que nada se perca, pois, na menor partícula, ali está presente o Corpo, o Sangue, a Alma, e a divindade de nosso Senhor Jesus Cristo.

O sacerdote ou ministro da Eucaristia, ao oferecer a comunhão, diz: "O Corpo de Cristo", e aquele que a recebe responde: "Amém", confirmando a sua fé: eu acredito no Deus vivo, presente na Eucaristia. Quando comemos, o alimento é transformado no nosso corpo por meio do processo de digestão. Quando comungamos, nós nos transformamos em Cristo vivo em nós. Embora sejamos fracos e tenhamos falhas, é com esses sentimentos que precisamos comungar, porque somos "felizes convidados para a Ceia do Senhor".

O canto da comunhão deve iniciar-se depois que o sacerdote comunga e deve continuar enquanto os fiéis estão recebendo a Eucaristia. Após a comunhão, deve-se fazer um momento de silêncio para promover o encontro pessoal com o Cristo presente na Eucaristia.

O rito da comunhão termina, após a purificação dos vasos sagrados (cálice, patena e as âmbulas), com a oração pós-comunhão, que faz a ponte entre o que foi celebrado e a vida a ser vivida.

4.5.5 Oração depois da comunhão

Após receber a Eucaristia, é momento de fazer silêncio no coração para estar em intimidade e comunhão com Jesus, que é o alimento da nossa fé e da nossa vida.

"Depois do silêncio, o sacerdote, abrindo os braços, diz a oração 'depois da comunhão'. A Igreja em oração pede que o Sacramento gere frutos em nós e a graça da fidelidade aos dons recebidos" (Silva *et al.*, 2023, p. 133). Para esse momento, toda a assembleia se levanta para acompanhar a oração e para responder o "amém".

5
Conhecendo os ritos finais

5.1 Avisos

Os breves avisos ou comunicados à comunidade podem ser feitos, quando necessário, nos ritos finais da celebração eucarística, conforme a IGMR, n. 90 (cf. Silva *et al.*, 2023, p. 137). É importante que eles sejam informados, para que todos os ouçam, antes da bênção final; lembrando que ser cristão é viver e participar ativamente das atividades da Igreja. Os avisos também revelam uma comunidade ativa e dinâmica.

Esses avisos devem ser breves e objetivos, despertando o interesse dos fiéis para o que vai acontecer, e, de preferência, ser comunicados pelos responsáveis do evento ou da notícia, respeitando sempre as regras básicas da comunicação, como a clareza e a assertividade. Esse também é o momento para se prestar alguma homenagem em dias especiais.

5.2 Bênção final

Antes da despedida, acontece a bênção final, como um envio à missão. Termina a missa e inicia-se a missão! O sacerdote ou ministro estende as mãos sobre a assembleia reunida e invoca a bênção de Deus, para que todos voltem às suas casas, onde a missa deve continuar por meio do testemunho de cada um que leva consigo a força do chamado de Deus para viver, verdadeiramente, aquilo que Ele falou na celebração, levando ao outro o anúncio vivo e alegre de Jesus.

Após a bênção, o presidente da celebração beija o altar (primeiro e último ato da celebração eucarística). O beijo no altar, no início da missa, como visto, precede a acolhida dos fiéis e, agora, encerra a celebração depois da bênção dada a eles.

A bênção dada no final da missa foi introduzida somente nos últimos séculos. O sacerdote nunca dava a bênção aos fiéis no final da missa, mas somente o bispo. O sacerdote dava a bênção somente a quem pedia, o que justifica até hoje a atitude de muitos fiéis de irem até o padre, depois da missa, pedir a bênção. Isso não é necessário, visto que a missa já é a maior de todas as bênçãos.

A missa nos ensina a comum união como filhos de Deus na Igreja, na comunidade, no mundo. A nossa vida, de uma missa à outra, deve ser um contínuo ato de entrega e compromisso com Deus, de oferecimento da própria vida em louvor a Deus. Ao irmos para a missa, levamos tudo o que vivemos durante a semana para oferecer a Deus, a fim de ser transformado pelo amor do Pai.

Durante a bênção final, a comunidade recebe as bênçãos que serão derramadas por Deus por meio do celebrante. Nosso coração acolhe as bênçãos de Deus para que nossa vida seja uma bênção para os que se aproximam de nós.

E, após a bênção final, o celebrante diz: "Ide em paz e que o Senhor vos acompanhe". E a assembleia responde: "Graças a Deus!". No período pascal, acrescenta-se: "Aleluia! Aleluia!".

5.3 Canto de despedida ou envio

A assembleia dissolvida não é convocada para um canto comum. Há liberdade no que se refere ao canto nesse momento da missa.

Conclusão

> "Alimentados com o Pão da Vida na mesa da Palavra
> e da Eucaristia, construiremos um novo céu e uma nova
> terra, 'onde Deus será tudo em todos'" (1Cor 15,28).

Chegamos ao final da missa e precisamos nos lembrar de que o termo "missa" pode ser compreendido como missão, fazendo da oração um caminho para a prática cristã, ou seja, a oração deve estar presente no pensamento, nas intenções e nas atitudes do nosso dia a dia. Missa é missão também, porque a Eucaristia, que é comunhão (comum união) e partilha, nos ensina a distribuir nossos bens, dons e sentimentos, e, por amor, dizer "sim" à ordem que Jesus nos deixou: "Ide e evangelizai!" (Mc 16,15). E é na missa que encontramos o ponto de chegada e de partida para toda missão da Igreja.

A missa está associada à missão. Segundo o CIgC, n. 1332, a "Santa Missa termina com o envio dos fiéis (*missio*: missão, envio) para que cumpram a vontade de Deus em sua vida cotidiana".

Referências

BENTO XVI. *Verbum Domini*: Exortação Apostólica sobre a Palavra de Deus na vida e na missão da Igreja. São Paulo: Paulinas, 2010.

BERGAMINI, Augusto. *Cristo, festa da Igreja*. São Paulo: Paulinas, 1998.

BÍBLIA SAGRADA. Petrópolis: Vozes, 2012.

BRANDÃO, Pe. Wellington Cardoso. *Missa*: uma ação emocional. 1. ed. São Paulo: Paulus, 1999.

CARVALHO, Pe. Humberto R. *Missa*: celebração do mistério pascal de Jesus. 3. ed. São Paulo: Paulus, 2010.

CECHINATO, Pe. Luiz. *A missa parte por parte*. 31. ed. Petrópolis: Vozes, 2000.

CNBB – Conferência Nacional dos Bispos do Brasil. *Catecismo da Igreja Católica*. Petrópolis: Vozes, 1993.

CNBB – Conferência Nacional dos Bispos do Brasil. Orientações para o projeto e a construção de igrejas e disposição do espaço celebrativo. *Estudos da CNBB*, Brasília: Edições CNBB, n. 26, 2023.

CNBB – Conferência Nacional dos Bispos do Brasil. *Rito da missa celebrada com o povo*. Texto oficial da 3.ª edição típica do Missal Romano. Brasília: Edições CNBB, 2023.

CONCÍLIO ECUMÊNICO VATICANO II. *Constituição Sacrosanctum Concilium*: sobre a sagrada liturgia. São Paulo: Paulinas, 2010.

CONGREGAÇÃO PARA O CULTO DIVINO E A DISCIPLINA DOS SACRAMENTOS. *Instrução Geral sobre o Missal Romano e Introdução ao Lecionário*. Brasília: Edições CNBB, 2023.

DUARTE, Pe. Luiz Miguel. *Liturgia*: conheça mais para celebrar melhor. São Paulo: Paulus, 1996.

FISCHER, Balthasar. *Sinais, palavras e gestos na liturgia*: da aparência ao coração. 2. ed. São Paulo: Paulinas, 2009.

FRANCISCO. *Evangelii Gaudium*: Exortação apostólica sobre o anúncio do Evangelho no mundo atual. Brasília: Edições CNBB, 2013.

MISSAL ROMANO. Tradução portuguesa da terceira edição típica realizada e publicada pela Conferência Nacional dos Bispos do Brasil, com acréscimos aprovados pela Sé Apostólica. Brasília: Edições CNBB, 2023.

PADRE BUSCH. *Como participar da Eucaristia*: catequese sobre a missa. São Paulo: Paulus, 2012.

PAIVA, Vanildo de. *A missa nossa de cada dia*: catequese mistagógica sobre a celebração eucarística. Petrópolis: Vozes, 2024.

PASTRO, Cláudio; NUCAP – Núcleo de catequese Paulinas. *Iniciação à liturgia*. São Paulo: Paulinas, 2012.

SACRAMENTOS. *Instrução Geral sobre o Missal Romano e Introdução ao Lecionário*. Brasília: Edições CNBB, 2023.

SCOUARNEC, Michel. *Símbolos cristãos*: os sacramentos como gestos humanos. São Paulo: Paulinas, 2001.

SILVA, Dom Jerônimo Pereira, OSB, *et al. Formação mistagógica da celebração eucarística*: a partir da 3.ª edição típica do MR. 1. ed. Brasília: Edições CNBB, 2023.

ANOTAÇÕES

ANOTAÇÕES

Conecte-se conosco:

f facebook.com/editoravozes

⊙ @editoravozes

𝕏 @editora_vozes

▶ youtube.com/editoravozes

☎ +55 24 2233-9033

www.vozes.com.br

Conheça nossas lojas:

www.livrariavozes.com.br

Belo Horizonte – Brasília – Campinas – Cuiabá – Curitiba
Fortaleza – Juiz de Fora – Petrópolis – Recife – São Paulo

  Vozes de Bolso

EDITORA VOZES LTDA.
Rua Frei Luís, 100 – Centro – Cep 25689-900 – Petrópolis, RJ
Tel.: (24) 2233-9000 – E-mail: vendas@vozes.com.br